Ursula Stein
**Heinrich Heine –
ein deutscher Europäer im französischen Exil**

Schriftenreihe
der
Juristischen Gesellschaft zu Berlin

Heft 188

De Gruyter

Heinrich Heine –
ein deutscher Europäer
im französischen Exil

Von
Ursula Stein

Vortrag,
gehalten vor der
Juristischen Gesellschaft zu Berlin
am 9. Dezember 2009

De Gruyter

Dr. *Ursula Stein*,
Professorin an der Universität Dresden,
Geschäftsführende Direktorin des Deutsch-Italienischen Instituts
für Rechtskulturvergleich in Europa – D.I.R.E.

ISBN 978-3-11-024884-5
e-ISBN 978-3-11-024885-2

Bibliografische Information der Deutschen Nationalbibliothek

Die Deutsche Nationalbibliothek verzeichnet diese Publikation
in der Deutschen Nationalbibliografie; detaillierte bibliografische Daten
sind im Internet über http://dnb.d-nb.de abrufbar.

© 2010 Walter de Gruyter GmbH & Co. KG, Berlin/New York

Druck und Bindung: Hubert & Co. GmbH & Co. KG, Göttingen

∞ Gedruckt auf säurefreiem Papier

Printed in Germany

www.degruyter.com

Übersicht

1. Dichter – und Jurist wider Willen 7
2. Nur ein reicher Jude zählt............................. 9
3. Die Flucht ins französische Exil 11
4. Paris nach der Juli-Revolution von 1830 16
5. Im Zentrum der Pariser Gesellschaft 17
6. Der Salonrevolutionär 20
   a) Liberté 20
   b) Égalité 23
   c) Fraternité 27
7. Heines europäische Mission 30
8. Der arme Poet und seine Finanzen 34
9. Das tragische Ende eines Kämpfers 36

1. Dichter – und Jurist wider Willen

Was rechtfertigt es, vor der ehrwürdigen Juristischen Gesellschaft zu Berlin – die in diesem Jahr ihr 150jähriges Bestehen feiert, zu dem ich ihr „hochachtungsvoll" gratuliere – über Heinrich Heine zu sprechen, den weltweit verehrten Dichter des „Buches der Lieder"?

Heine war, wie viele andere deutsche Dichter und Schriftsteller,[1] von Hause aus Jurist. Freilich sind juristische Großtaten von ihm nicht zu berichten. Ganz im Gegenteil: Er biss sich widerwillig und ziemlich mühsam durch ein ihm öde erscheinendes Studium der Jurisprudenz in Bonn, Göttingen und Berlin und quälte sich mit der Vorbereitung auf die Promotion. Die Paukerei raubte ihm Zeit und Kraft zum Dichten, seine wahre Leidenschaft, wie er seiner Schwester *Charlotte* klagte:[2]

> „Meine Muse trägt einen Maulkorb, damit sie mich beim juristischen Strohdreschen mit ihren Melodien nicht störe".

Und tatsächlich hat Heine während seines Studiums, statt juristische Vorlesungen zu besuchen, viel lieber *August Wilhelm von Schlegel*, *Ernst Moritz Arndt* und *Friedrich Hegel* gebannt zu Füßen gesessen.

Immerhin hat der Dekan der Göttinger Juridischen Fakultät, Prof. *Gustav Hugo*, Heine bei seiner Disputation[3] in den höchsten Tönen gelobt – die selbstverständlich lateinische Rede ist im Göttinger Universitätsarchiv erhalten.

Natürlich konnte es sich der Satiriker Heine nicht verkneifen, sich über diese Eloge selbstironisch zu mokieren, denn über seine juristischen Defizite machte er selbst sich keine Illusionen:[4]

---

[1] Z.B. *Achim von Arnim, Ludwig Börne, Gottfried August Bürger, Matthias Claudius, Josef von Eichendorff, Johann Wolfgang von Goethe, Christian Dietrich Grabbe, Franz Grillparzer, Jacob und Wilhelm Grimm, Friedrich Hebbel, E.T.A. Hoffmann, Adalbert Stifter, Theodor Storm, Kurt Tucholsky, Ludwig Uhland, Christoph Martin Wieland.*

[2] Brief vom 30. März 1824 an seine Schwester *Charlotte*, HSA (Heine Säkularausgabe, Berlin/Paris, 1970 ff.), Bd. 20, S. 154 f.

[3] Bei seiner am 20. Juli 1825 erfolgreich bestandenen Promotion hatte Heine folgende Promotionsthesen zu verteidigen: I. Maritus est dominus dotis. II. Creditor apocham dare debet. III. Omnia judicia publice peragenda sunt. IV. Ex jurejurando non nascitur obligatio. V. Confarreatio antiquissimus apud Romanos fuit in manum conveniendi modus, vgl. DHA (Heinrich Heine, Sämtliche Werke, Düsseldorfer Ausgabe, hrsg. von *Manfred Windfuhr*, Hamburg, Hoffmann und Campe, 1973 ff.), Bd. 15, S. 202; dort ist auf S. 201 f. auch Heines in lateinischer Sprache geschriebenes Promotionsgesuch abgedruckt.

[4] Brief vom 22. Juli 1825 an *Moses Moser* in Berlin, HSA, Bd. 20, S. 206.

> „Ich habe" – so schreibt er – „disputiert wie ein Kutschenpferd … es ging sehr gut und der Dekan *Hugo* machte mir bei dieser feierlichen Szene die größten Elogen, indem er seine Bewunderung aussprach, dass ein großer Dichter auch ein großer Jurist sei. Wenn mich letztere Worte nicht misstrauisch gegen dieses Lob gemacht hätten, so würde ich mir nicht wenig darauf einbilden, dass man vom Katheder herab, in einer langen lateinischen Rede, mich mit *Goethe* verglichen und auch geäußert, dass nach dem allgemeinen Urteil meine Verse den *Goetheschen* an die Seite zu setzen sind."

Hugo konnte sich bei diesem außergewöhnlichen Lob immerhin auf das Urteil des berühmten Dichters, Literaturwissenschaftlers und Linguisten *August Wilhelm von Schlegel* berufen, Heines Mentor in seiner Bonner Studienzeit.

Die Juristerei jedenfalls war Heines Sache nicht. Seine ganze Abscheu vor dem Pandektenstudium schildert er drastisch in seinen Memoiren:[5]

> „Von den sieben Jahren, die ich auf deutschen Universitäten zubrachte, vergeudete ich drei schöne blühende Lebensjahre durch das Studium der römischen Casuistik. Welch' ein fürchterliches Buch ist das Corpus Juris, die Bibel des Egoismus. Wie die Römer selbst blieb mir immer verhasst ihr Rechtskodex. Diese Räuber wollten ihren Raub sicherstellen und was sie mit dem Schwerte erbeutet, suchten sie durch Gesetze zu schützen; deshalb war der Römer zu gleicher Zeit Soldat und Advokat. Wahrhaftig jenen Dieben verdanken wir die Theorie des Eigentums, das vorher nur als Tatsache bestand, und die Ausbildung dieser Lehre in ihren schnödesten Consequenzen ist jenes gepriesene römische Recht, das allen unseren heutigen Legislazionen, ja allen modernen Staatsinstituten zugrunde liegt, obgleich es im grellsten Widerspruch mit der Religion, der Moral, dem Menschengefühl und der Vernunft. – Ich brachte jene gottverfluchten Studien zu Ende, aber ich konnte mich nimmer entschließen, von solcher Errungenschaft Gebrauch zu machen, und vielleicht auch weil ich fühlte, dass Andre mich in der Advokasserie und Rabulisterey leicht überflügeln würden, hing ich meinen juristischen Doktorhut an den Nagel".

Heine war zum Dichter geboren, nicht zum Juristen, und als Dichter wurde er ein ganz Großer. Dessen war er sich in selbstgefälliger Eitelkeit durchaus bewusst. Hören wir den Dichter selbst in einem Brief an einen Freund:[6]

> „Folgendes famose Lied machte ich gestern abend … Ist es nicht wunderschön? … Kennst Du in der ganzen deutschen Literatur ein besseres Lied? Aber wirklich, *Christiani*, nachdem Du dieses Lied gelesen hast, glaubst Du noch ernstlich, dass ich hier Advocat werde?"

---

[5] Memoiren, DHA, Bd. 15, S. 64, 5 – 22.

[6] Brief vom 6. Dezember 1825 an seinen Freund *Christiani*, HSA, Bd. 20, S. 224 f.

Überhaupt hatte Heine eine denkbar schlechte Meinung von Advokaten, die er als „Bratenwender der Gesetze" verspottete, „die so lange die Gesetze wenden und anwenden, bis ein Braten für sie dabei abfällt."[7]

So eitel Heine als Dichter war, so wenig Wert legte er auf den juristischen Doktortitel. Nur ein einziges Mal machte er von seinem Titel als „beider Rechte Doctor" hochoffiziellen Gebrauch, nämlich in seinem Protestschreiben an den Bundestag in Frankfurt, mit dem er sich gegen das 1835 verhängte Publikationsverbot seiner Werke in Deutschland zur Wehr setzte.[8] Von diesem Titel versprach sich Heine natürlich eine größere Wirkung, als wenn er den Brief nur mit „Dichter" unterzeichnet hätte.

Jedenfalls wurde Heine am Ende nicht Jurist, sondern Dichter und als Dichter weltberühmt.

2. Nur ein reicher Jude zählt

Warum aber wollte Heine überhaupt Jurist werden, obwohl die Jurisprudenz ihn langweilte und der Juristenberuf ihn abstieß?

Heinrich Heine war Jude und als Jude ein Außenseiter. Er wollte sich in Deutschland eine bürgerliche Existenz aufbauen. 1797 in Düsseldorf geboren, entstammte Heine von Seiten beider Eltern angesehenen jüdischen Familien. Sein Vater *Samson Heine* war Kaufmann, ging allerdings bald bankrott. Sein Onkel *Salomon Heine* hingegen war deutlich tüchtiger: Er hatte es zum steinreichen Hamburger Bankier gebracht.[9] Da Heinrich Heine weder zum Bankier noch zum Kaufmann taugte – in beiden Metiers scheiterte er rasch und kläglich[10] – konnte er seinen Onkel schließlich davon überzeugen, ihm wenigstens ein Jurastudium zu

---

[7] Aus den Memoiren des Herrn von Schnabelewopski, Kapitel III, DHA, Bd. 5, S. 153.
[8] Schreiben vom 28. Januar 1836 an die Hohe Bundesversammlung in Frankfurt am Main, HSA, Bd. 21, S. 134 f.
[9] *Salomon Heine* hatte 1797 zusammen mit *Marcus Abraham Heckscher* das Bankhaus Heckscher & Co. gegründet und 1819 seine eigene Bank, das Bankhaus Salomon Heine in Hamburg. Damit schuf er sich ein immenses Vermögen, mit dem er seine verarmten Verwandten zwar unterhielt, aber auch deren Lebensweg bestimmte.
[10] Mit seiner Tätigkeit als Kontorgehilfe in der Hamburger Bank seines Onkels *Salomon* hatte er offenbar so wenig überzeugt, dass dieser ihm die Mittel für ein eigenes Manufakturwarengeschäft gab, mit dem Heine jedoch bald pleite ging; hierzu etwa *Jan-Christoph Hauschild/Michael Werner*, Heinrich

finanzieren. Für ein Studium der Geschichte, Literatur oder Philosophie – Heines eigentliche Interessen – hätte der klug kalkulierende Bankier *Salomon Heine* keinen müden Taler herausgerückt. Damals war Heine offenbar noch nicht das Argument eingefallen:[11]

„Was ist Geld? Geld ist rund und rollt weg, aber Bildung bleibt."

Für Heine verband sich mit einem juristischen Abschluss die Hoffnung auf ein öffentliches Amt, das ihm nach der völligen Verarmung seiner Eltern die Existenz hätte sichern können. Für Heine als Juden und gesellschaftlichen Außenseiter war das überlebensnotwendig, denn es gab nur eine Macht, die ihn schützen konnte: Geld. Ein reicher Jude war viel weniger Jude als ein armer Jude. Ein reicher Jude ist vor allem reich. Ein armer Jude ist vor allem Jude, wie *Kerstin Decker* in ihrer Heine-Biographie[12] so treffend schreibt.

Halten wir uns die historische Situation vor Augen, in der Heine seine Berufswahl traf:

Die napoleonischen Siege und die Auflösung des „Heiligen Römischen Reiches Deutscher Nation" hatten zu grundstürzenden Umwälzungen in Europa geführt und den Juden, zunächst im französisch besetzten Rheinland, später auch in anderen Teilen Deutschlands, die bürgerliche Freiheit und Gleichheit gebracht. – Darin wird man übrigens auch das zentrale Motiv für Heines lebenslange Bewunderung *Napoleons* sehen dürfen. – In Preußen etwa beruhte die Gleichstellung der Juden auf dem Emanzipationsedikt von 1812,[13] Bestandteil der *Stein-Hardenbergschen Reformen*.[14] Dieses königliche Edikt gewährte Juden erstmals Staatsangehörigkeit und volle Bürgerrechte und öffnete ihnen den Zugang zu öffentlichen Ämtern. Für Heine bestanden daher zu Beginn seines Studiums 1820 gute Karriereaussichten in der öffentlichen Verwaltung oder an der Universität.

Freilich verdüsterten sich diese Aussichten, noch bevor Heine sein Studium abgeschlossen hatte. Denn die Judenemanzipation wurde in

---

Heine, 2. Aufl., München 2006, S. 14, 18 f.; *Ludwig Marcuse*, Heinrich Heine. Melancholiker – Streiter in Marx – Epikureer, Zürich 1980, S. 42.

[11] Reisebilder. Dritter Teil. Italien 1828. Die Bäder von Lukka, Capitel III, DHA, Bd. 7/1, S. 94.

[12] *Kerstin Decker*, Heinrich Heine. Narr des Glücks, Berlin 2005, S. 49.

[13] Preußisches Emanzipationsedikt vom 11. März 1812. § 1 des Edikts gewährte ansässigen Juden die preußische Staatsbürgerschaft, § 7 gewährte ihnen „gleiche bürgerliche Rechte und Freiheiten mit den Christen".

[14] Dazu ausführlich online unter http://de.wikipedia.org/wiki/Preußische_Reformen.

der Restaurationszeit nach dem Sieg über *Napoleon* in den deutschen Befreiungskriegen und nach dem Wiener Kongress in weiten Teilen Deutschlands wieder zurückgenommen, in Preußen etwa durch königliche Kabinettsordre vom 18. August 1822.

Dadurch verloren Juden wieder den Zugang zu akademischen Lehrämtern. Heine wurde also erneut zum gesellschaftlichen und beruflichen Paria. Gewiss hat das seinen Entschluss befördert, sich zwischen Rigorosum und Disputation protestantisch taufen zu lassen.[15] Dadurch wurde aus Heine, der den Geburtsnamen „*Harry*" trug, nun auch offiziell „*Heinrich*" Heine. Er selbst bezeichnete den Taufschein ironisch als „Entréebillet zur europäischen Kultur"[16] – und meinte damit natürlich auch den Zutritt zu den Futternäpfen staatlicher Alimentation.

Die Schuld an der Notwendigkeit seiner Taufe schiebt Heine *Napoleons* Geografielehrer zu, der es versäumt habe, dem Knaben zu sagen, „dass es zu Moskau im Winter sehr kalt ist".[17]

Mit dem juristischen Doktorexamen und dem protestantischen Taufschein schienen für Heine also eigentlich alle Voraussetzungen erfüllt zu sein, um sich in Deutschland ein auskömmliches Leben einzurichten.

3. Die Flucht ins französische Exil

Und dennoch verließ Heine 1831 Deutschland für immer.

Warum aber geht ein deutscher Dichter, der sich in Deutschland schon einen Namen gemacht hat, der die deutsche Sprache glänzend wie kein anderer beherrscht und sich selbst außerstande sieht, in einer anderen Sprache zu denken und zu dichten, in der Mitte seines Lebens – fast möchte man sagen: in der Blüte seiner Jahre – freiwillig ins französische Exil und bleibt dort bis an sein Lebensende?

Die schönste Antwort auf diese Frage hat *Marcel Reich-Ranicki*[18] gegeben:

> „Als Heine ... Deutschland verließ, da ging er zwar nach Paris, aber er floh nach Europa".

---

[15] Heine ließ sich am 28. Juni 1825 in Heiligenstadt/Thüringen, das von seinem Studienort Göttingen nicht weit entfernt war, auf den Namen *Christian Johann Heinrich* taufen.
[16] In: Prosanotizen, DHA, Bd. 10, S. 313, 33.
[17] Aus: Prosanotizen, DHA, Bd. 10, S. 336, 14 – 19.
[18] In: Notizen über einen Weltpoeten, in: Der Fall Heine, Stuttgart 1997, S. 19.

Deutschland war für Heines kosmopolitischen Geist zu eng geworden. Er wäre in Deutschland entweder verhungert oder geistig verdorrt.

Seine Versuche, in Deutschland ein öffentliches Amt zu erringen – sei es in Hamburg als Advokat oder Ratssyndikus, sei es in Berlin oder München als Universitätsprofessor – waren allesamt gescheitert – an den Verhältnissen, aber auch an Heine selbst.

Sein Taufschein nützte ihm nichts. Der wachsende Antisemitismus in der Restaurationszeit versperrte den Zugang zu den maßgeblichen gesellschaftlichen Kreisen auch getauften Juden, wenn sie den Vorzug unermesslichen Reichtums nicht besaßen.

Und Heine selbst hatte in seinen Jugendjahren nicht nur Herz, Schmerz und Nachtigallen besungen und historische, fantastische und volkstümliche Stoffe zu mächtiger Poesie versponnen, sondern er hat auch sein Leiden an den gesellschaftlichen Verhältnissen in gepfefferte Prosa gefasst oder – wie er sich selbst ironisiert[19] – „zierlich in Verse gebracht".

Sie sehen, ich will auf den politischen Heine hinaus, der im allgemeinen Bewusstsein bis heute im Schatten seiner Dichtkunst steht. Sein Leben prägten seine politischen Schriften aber weitaus stärker und waren vor allem Grund seines Exils. Zwar wurde Heine nicht politisch verfolgt – jedenfalls noch nicht zu jener Zeit; seine Verhaftung ordnete der Preußenkönig erst 1844 an.[20] Doch hat ihm sein Aufbegehren gegen die Wiederherstellung der alten Feudalverhältnisse in Deutschland nach dem Wiener Kongress, gegen die scharfe Pressezensur und die Unterdrückung jeglicher liberaler Regung infolge der Karlsbader Beschlüsse von 1819[21] jede berufliche Aussicht in Deutschland genommen.

---

[19] Aus: Buch der Lieder, die Heimkehr, 1823, Gedicht XXXIV, DHA, Bd. 1/1, S. 245; das ganze Gedicht lautet:
„Und als ich euch meine Schmerzen geklagt,
Da habt Ihr gegähnt und nichts gesagt;
Doch als ich sie zierlich in Verse gebracht,
Da habt Ihr mir große Elogen gemacht."

[20] Am 16. April 1844 erließ Preußen Haftbefehl gegen Heine, *Marx* und *Ruge*. Am 12. September 1844 ordnete *Friedrich Wilhelm IV.* persönlich die Verhaftung Heines beim Überschreiten der Grenze an. Grund waren „die empörenden Schmähungen auf des Königs Majestät" in den „Neuen Gedichten" und im „Wintermärchen".

[21] Auf Betreiben *Metternichs* fasste die Karlsbader Ministerialkonferenz am 31. August 1819 die sogenannten Karlsbader Beschlüsse, die neben einer strengen Überwachung der Universitäten durch Kommissare und dem Verbot der Burschenschaften sowie der Schaffung einer zentralen Untersuchungskommission in Mainz zur Überwachung aller „revolutionären Umtriebe und demagogischen Verbindungen" auch eine bundeseinheitliche Vorzensur für

Schon in seinem ersten politischen Gedicht von 1819[22] protestiert Heine gegen den Betrug der deutschen Obrigkeit am Volk, vor allem an den Kämpfern der Befreiungskriege:

> „Such ich jetzt den goldnen Frieden,
> Den das deutsche Blut ersiegt,
> Seh ich nur die Kette schmieden,
> Die den deutschen Nacken biegt."

Ins „Buch der Lieder" hat Heine dieses Gedicht allerdings aus Furcht vor der Zensur nur in einer politisch gänzlich entschärften Version aufgenommen: Die soeben zitierte Strophe fehlt.[23] Ein erstes Beispiel für die „Schere im Kopf", die Selbstzensur, zu der politische Autoren der Restaurationszeit gezwungen waren, wollten sie nicht ein Publikationsverbot oder sogar strafrechtliche Verfolgung riskieren.[24]

---

alle Druckwerke von weniger als zwanzig Bogen, das sind 320 Seiten Umfang, vorsah. Dickere Bücher waren weniger gefährlich, denn sie waren so teuer, dass nur Reiche sie sich leisten konnten, und Reiche pflegen keine Revolutionen anzuzetteln. Für Bücher von mehr als zwanzig Druckbogen Umfang galt nur eine Nachzensur, d.h. Beschlagnahme und Verbot, falls sie unerlaubte Kritik enthielten. Die Karlsbader Beschlüsse wurden von der Bundesversammlung am 20. September 1819 bestätigt und waren seitdem in allen Staaten des Deutschen Bundes verbindlich. Der Umsetzung der Karlsbader Beschlüsse in Preußen diente die preußische Zensur-Verordnung vom 18. Oktober 1819.

[22] Deutschland. Ein Fragment. In der Ursprungsfassung abgedruckt in: *Klaus Briegleb*, Heinrich Heine. Sämtliche Gedichte in zeitlicher Folge, 7. Aufl., Frankfurt am Main/Leipzig 2001, S. 43 ff. Die Anfangszeile lautet: „Sohn der Torheit! Träume immer...".

[23] Die entschärfte Fassung ist abgedruckt in: DHA, Bd. 1/1, S. 456; zu den Hintergründen und Motiven Heines sowie zu dem fragmentarischen Charakter des Gedichts näher *Pierre Grappin*, DHA, Bd. 1/2, S. 1118 ff.

[24] Diese Gründe führt Heine selbst in seinem Brief vom 7. November 1820 an den Verleger *Friedrich Arnold Brockhaus* in Altenburg, HSA, Bd. 20, S. 32, an: „Da mich leidige Verhältnisse zwingen, jedes Gedicht, dem man irgendeine politische Deutung unterlegen könnte, zu unterdrücken...". Den Zwang zur Selbstzensur beklagt Heine auch in seiner Einleitung zu „Kahldorf über den Adel" von 1831, DHA, Bd. 11, S. 137, 25 – 33: „Ach! diese Geisteshenker machen uns selbst zu Verbrechern, und der Schriftsteller, der wie eine Gebärerin während des Schreibens gar bedenklich aufgeregt ist, begeht in diesem Zustand sehr oft einen Gedankenkindermord, eben aus wahnsinniger Angst vor dem Richtschwerte des Zensors. Ich selbst unterdrücke in diesem Augenblick einige neugeborene unschuldige Betrachtungen über die Geduld und Seelenruhe, womit meine lieben Landsleute schon seit so vielen Jahren ein Geistermordgesetz ertragen, das Polignac in Frankreich nur zu promulgieren brauchte, um eine Revolution hervorzubringen."

In der „Harzreise", Heines erster Prosaschrift, die noch zu seiner Studentenzeit 1824 erschienen war, finden sich die programmatischen Verse, die Leitmotiv seiner politischen Haltung bleiben sollten:[25]

> „Alle Menschen, gleich geboren,
> Sind ein adliges Geschlecht."

Mit seiner Einleitung zu „Kahldorf über den Adel"[26] schließlich verspielte Heine die letzte Chance, in Deutschland beruflich Fuß zu fassen. Auf eine Schrift des *Grafen von Moltke* von 1830,[27] der die Adelsvorrechte als naturgegeben verteidigte, hatte der Publizist *Robert Wesselhöft* unter dem Pseudonym *„Kahldorf"*[28] eine in sachlichem Ton gehaltene Erwiderung verfasst, und Heine war von seinem Verleger *Julius Campe*[29] um ein Vorwort gebeten worden.

Ganz anders als die zahme Abhandlung *Wesselhöfts*[30] wurde Heines „Einleitung" zu einem furiosen Pamphlet gegen die Vorrechte des Adels und zu einem feurigen Manifest für die Werte der Französischen Revolution, von Heine selbst in dieser Schrift blasphemisch als „heilige Dreifarbigkeit" gefeiert.[31] Sie atmet Heines Begeisterung über die fran-

---

[25] Im zwanzigsten Vers des Gedichts mit dem Anfang „Tannenbaum, mit grünen Fingern...", DHA, Bd. 1/1, S. 343, 95 – 96, und in Reisebilder. Erster Teil. Die Harzreise, 1824, DHA, Bd. 6, S. 109, 26 – 27.

[26] DHA, Bd. 11, S. 134 ff.

[27] *Magnus Graf von Moltke*, Über den Adel und dessen Verhältnis zum Bürgerstande, Hamburg 1830.

[28] Bei Streitschriften gegen die Adelsvorrechte empfahl es sich in der Restaurationszeit, ein Pseudonym zu verwenden. Unter seinem Klarnamen hätte *Wesselhöft* ohnehin nicht publizieren können, weil er als einer der führenden Burschenschaftler seit 1824 zu Magdeburg in Festungshaft saß, näher *Helmut Koopmann*, DHA, Bd. 11, S. 740.

[29] *Julius Campe*, Chef des Verlagshauses Hoffmann & Campe in Hamburg, war Freund und Verleger Heines. Die Vorrede Heines geht auf *Campes* Anregung zurück, vgl. *Helmut Koopmann*, DHA, Bd. 11, S. 740 f.

[30] „Über den Adel" von 1830; vor allem von Heines „Einleitung" versprach sich *Julius Campe* publizistischen Erfolg, wie er in seinem Schreiben vom 1. März 1831 an die Altenburgische Hofbuchdruckerei durchblicken ließ: „Hierbei empfangen Sie das Mspt. über den Adel... Diese Schrift wird Aufsehen machen... die Einleitung von Heine... pfeffert diese Gabe gehörig...", zitiert nach *Helmut Koopmann*, DHA, Bd. 11, S. 741. Heine selbst meint, der Verfasser bekämpfe die Schrift *Moltkes* „mit indischer Geduld", DHA, Bd. 11, S. 139, 12, und er selbst könne schon deshalb nicht für den Verfasser der Streitschrift gehalten werden, weil er „nimmermehr mit solcher Mäßigung die adligen Prätenzionen und Erblügen hätte diskutieren können", ebenda, Zeilen 39 – 40.

[31] Einleitung zu „Kahldorf über den Adel", DHA, Bd. 11, S. 138, 8.

zösische Julirevolution von 1830 aus jeder Zeile und sprüht nur so von Witz. Schon mit dem wuchtigen Einleitungssatz

> „Der gallische Hahn hat jetzt zum zweiten Male gekräht,
> und auch in Deutschland wird es Tag"

prophezeit Heine Deutschland die Revolution, die er sich selbst sehnlichst erwünscht. Pfiffig-satirisch begründet er die Unausweichlichkeit dieser Revolution mit dem deutschen Volkscharakter: Während die Franzosen die blutigen Schlachten auf der Straße austrugen, hätten die Deutschen die Revolution zunächst in der Philosophie erprobt und die alten Geistessysteme genauso gründlich guillotiniert wie die Franzosen ihren Adel. – Amüsant die Vorstellung Heines von *Kant* als „Robespierre" und *Fichte* als „Napoleon der Philosophie"[32] ... und so ähnlich geht es in der Schrift weiter. – Deren Thesen wurden übrigens in französischen Philosophenkreisen mit der größten Ernsthaftigkeit diskutiert.[33]

Jedenfalls meint Heine, die Revolution in Deutschland sei unausweichlich, denn in der Philosophie sei die Republik als Idee nun geboren, und eine Idee hätten die Deutschen noch nie aufgegeben, ohne sie bis in allen ihren Konsequenzen durchgefochten zu haben.[34]

Nichts auszurichten gegen diese deutsche Revolution – so Heine weiter – vermöge selbst die „ultima ratio regis" – so die Inschrift auf den preußischen Kanonen –, die sich leicht in eine „ultimi ratio regis" verwandeln könne.[35] Dieses Wortspiel gelingt auch im Deutschen: „Des Königs letztes Argument", das sich leicht in „des letzten Königs Argument" verwandeln könne.

Auch sonst ist die Schrift gespickt mit Polemiken gegen herrschende Häupter und herrschende Verhältnisse. Die Pressezensur, die Heine immer wieder scharf angreift, stellt er hier sogar als sichersten Weg zur Tyrannenverderbnis dar:[36]

> „Das helle Sonnenlicht der Pressefreiheit ist für den Sklaven, der lieber im Dunkeln die allerhöchsten Fußtritte hinnimmt, ebenso fatal wie für den Despoten, der seine einsame Ohnmacht nicht gern beleuchtet sieht. Es ist wahr, dass die Zensur solchen Leuten sehr angenehm ist, aber es ist nicht weniger wahr, dass die Zensur, indem sie einige Zeit dem Despotismus Vorschub leistet, ihn am Ende mitsamt dem Despoten zugrunde richtet, dass dort, wo die Ideenguillotine gewirtschaftet, auch bald die Menschenzensur eingeführt wird, dass derselbe Sklave, der die Gedanken hinrichtet, späterhin

---

[32] Ebenda, S. 134, 35 – 36.
[33] S. *Helmut Koopmann*, DHA, Bd. 11, S. 747 ff.
[34] Französische Zustände, Artikel IX, DHA, Bd. 12/1, S. 178, 15 – 17.
[35] Einleitung zu „Kahldorf über den Adel", DHA, Bd. 11, S. 139, 6 – 8.
[36] Ebenda, S. 137, 14 – 24.

mit derselben Gelassenheit seinen eigenen Herrn ausstreicht aus dem Buche des Lebens."

Wer das liest, weiß: Heine hatte mit Deutschland abgeschlossen und verschaffte sich einen spektakulären Abgang. Denn kurz darauf ging er ins Pariser Exil, und die Schrift wurde von der Zensur verboten.

4. Paris nach der Juli-Revolution von 1830

Paris war zu jener Zeit das Eldorado aller Revolutionsgläubigen. Mit über einer Million Einwohnern war Paris in den 1830er Jahren die größte Stadt Europas.[37] Sie beherbergte zeitweise an die 175.000 Ausländer, die den bedrückenden Verhältnissen in ihren Heimatstaaten entflohen waren. Die deutschen Emigranten stellten das Gros der Flüchtlinge, bei Heines Ankunft waren es etwa 7.000, ihre Zahl stieg später auf bis zu 60.000 an.[38] Alles, was in liberalen Kreisen Europas Rang und Namen hatte, traf sich in Paris.

Paris war zu jener Zeit aber auch die Kulturhauptstadt der Welt. Wer als Schriftsteller, Maler, Komponist oder Theatermann auf sich hielt, den zog es an den Ort der größten Geistesfreiheit – und der größten Verdienstmöglichkeiten. Hier trafen sich Dichter und Schriftsteller wie *Ludwig Börne, Karl Marx, Hans Christian Andersen*; Musiker und Komponisten wie *Franz Schubert, Richard Wagner, Felix Mendelssohn-Bartholdy, Frédéric Chopin, Franz Liszt, Vincenzo Bellini, Giacomo Meyerbeer, Gioachino Rossini, Niccolò Paganini*; Theaterleute wie der Hamburger Theaterdirektor *August Lewald*; Maler wie *William Turner* – um nur die bedeutendsten der zeitweiligen Wahlpariser zu nennen. Und Heine kannte sie alle und war mit vielen wenigstens zeitweise befreundet.

Zu verdanken hatte Paris diese herausragende Stellung in Europa den drei glorreichen Tagen der Juli-Revolution von 1830. *Karl X.*, ein Bruder *Ludwigs XVI.*, hatte am 25. Juli die wenigen noch verbliebenen Bürgerrechte außer Kraft gesetzt, das Parlament aufgelöst und Zeitungen und Zeitschriften verboten.

Das ließen sich die Pariser nicht bieten. Mit dem dritten Generalstreik der Geschichte – wenn man den zweimaligen Auszug der Plebejer aus

---

[37] Quelle: Volkszählungsdaten der INSEE, Institut national de la statistique et des études économiques, Einwohnerentwicklung Paris von 1801 – 2006.

[38] Angaben zur Zahl der Ausländer und Deutschen im nachrevolutionären Paris der 1830er und 1840er Jahre nach *Jörg Aufenanger*, Heinrich Heine in Paris, München 2005, S. 24.

Rom im fünften Jahrhundert vor Christus mitrechnet[39] – fegten die Pariser den Bourbonenkönig hinweg, der Anfang August abdanken musste.

Mit der konstitutionellen Monarchie unter dem Bürgerkönig *Louis Philippe von Orleans* begann eine Periode wirtschaftlicher Prosperität, es herrschte die Finanzaristokratie der großen Bankhäuser wie *Rothschild* oder *Lafitte*, die Börsenkönige, die Eisenbahnmagnaten und die Kohle- und Stahlbarone. Man folgte allenthalben dem Schlachtruf „Enrichissez-vous!", die Bourgeoisie des „Juste milieu" häufte ungeheure Reichtümer an. Doch die Kluft zwischen Arm und Reich wurde größer, und das Massenelend wuchs.

Niemand hat diesen Zustand der französischen Gesellschaft mit schneidenderer Schärfe beschrieben als Heinrich Heine:[40]

> „Hier in Frankreich herrscht gegenwärtig die größte Ruhe. Ein abgematteter, schläfriger, gähnender Friede. Es ist alles still, wie in einer verschneiten Winternacht. Nur ein leiser, monotoner Tropfenfall. Das sind die Zinsen, die fortlaufend hinabträufeln in die Kapitalien, welche beständig anschwellen; man hört ordentlich, wie sie wachsen, die Reichtümer der Reichen. Dazwischen das leise Schluchzen der Armut. Manchmal auch klirrt etwas, wie ein Messer, das gewetzt wird."

5. Im Zentrum der Pariser Gesellschaft

Heines Begeisterung für die Revolution war echt, wenn er sich auch über die politischen und sozialen Defizite des nachrevolutionären Regimes keine Illusionen machte. Denn nur die in der „heiligen Dreifarbigkeit" der Trikolore verkörperten Werte der Freiheit und bürgerlichen Gleichheit konnten ihm geben, wonach er geradezu lechzte: Die Anerkennung als deutscher Dichter und Denker, die ihm sein eigenes Vaterland und dessen Geistesgrößen versagten. In Paris fand er all das, was ihm in Deutschland fehlte: Er galt als berühmter Repräsentant deutschen Geisteslebens und Dichtertums, und er erwarb sich bald den Ruf eines der bedeutendsten politischen Schriftsteller Europas. Seine jüdische Herkunft spielte dabei keine Rolle, anders als in Deutschland, wo er als „fremdrassig" geschmäht wurde und sein Anspruch, ein deutscher Dichter zu sein, als „freche Anmaßung eines Mauscheljuden" verurteilt wurde. Den dumpfen Antisemitismus, den in Preußen selbst die Könige

---

[39] S. hierzu näher *Theodor Mommsen*, Römische Geschichte, 3. Auflage 1984, Bd.1, Zweites Buch, Zweites Kapitel, S. 282 ff.
[40] Lutezia, Artikel LII, DHA, Bd. 14/1, S. 37, 7 – 14.

Friedrich Wilhelm III. und *IV.* offen pflegten, gab es im nachrevolutionären Frankreich der 1830er Jahre nicht.

In Paris standen Heine deshalb die Türen aller Salons offen, er war der Liebling „der Schönen und der Reichen", vor allem der Damen, die den berühmten Dichter des zum Kultbuch gewordenen „Buches der Lieder" bestaunen und sich in seinem Glanz sonnen wollten. Er verkehrte in Literaten- und Künstlerkreisen und stand auf vertrautem Fuß mit so illustren Namen wie *Victor Hugo, Honoré de Balzac, Alexandre Dumas, Théophile Gautier, Gérard de Nerval, George Sand, Alfred de Musset, Hector Berlioz* oder *Eugène Delacroix*.

Heine hatte Zugang zu führenden politischen Kreisen[41] ebenso wie zu den bedeutendsten Häusern der Geldaristokratie. Als Neffe des Hamburger Bankiers *Salomon Heine* stand ihm der Palast des Barons *James Rothschild* und der Salon seiner gebildeten und geistreichen Frau *Betty* jederzeit offen. Bourgeois oder Adel, mit Heinrich Heine schmückte jeder gerne seine Soiréen und Bälle. Man lud ihn ins Theater ein oder zu Picknicks im Grünen, zu Ferienaufenthalten auf Schlösser und Landsitze oder zur Sommerfrische ans Meer. Heine war ein Gewinn für jede Gesellschaft, denn er war ein glänzender Unterhalter, er war geistreich und schlagfertig, er parlierte Französisch mit Esprit und verzückte die Damen mit seinem vielgelobten Charme.

Dass er mit seinen bissigen Bemerkungen und sarkastischen Kommentaren auch viele Menschen vergrätzte, die ihm dann natürlich die Freundschaft kündigten, nahm er um des guten Witzes willen in Kauf. *Victor Hugo* etwa war tödlich beleidigt, als Heine sein Werk „Burgraves", ein heute zu Recht vergessenes hochromantisches Rheingrafendrama,

---

[41] Eng befreundet war Heine mit dem früheren Innenminister, Minister für öffentliche Arbeiten und nachmaligen Ministerpräsidenten *Adolphe Thiers*, s. dazu *Volkmar Hansen*, DHA, Bd. 13/1, S. 688 ff.; mit dem Mitglied der Académie Française und Jugendfreund *Thiers' François Mignet*, dazu *Volkmar Hansen*, DHA, Bd. 13/2, S. 1652 f., sowie mit dem Philosophen *Victor Cousin*, Unterrichtsminister der Regierung *Thiers*, s. etwa Lutezia, Artikel XXXV, DHA, Bd. 13/1, S. 136 f.; mit dem früheren Unterrichtsminister und nachmaligen Ministerpräsidenten *François Guizot* war Heine immerhin persönlich bekannt, s. Heines eigene Einschätzung in „Guizot – kein Instigator für Pressebeschränkungen", DHA, Bd. 13/1, S. 342, 12 – 15: „Ich habe nicht die Ehre, dem Herrn Guizot persönlich nahe zu stehen...". Auch in der „Retrospektiven Aufklärung" von 1854, Lutezia, nach Artikel LVIII, DHA, Bd. 14/1, S. 79, 27 – 35, erklärt Heine: „Vor dem 29. November 1840, wo Herr Guizot das Ministerium übernahm, hatte ich nie die Ehre gehabt, denselben zu sehen. Erst einen Monat später machte ich ihm einen Besuch... Jener Besuch war der erste und zugleich der letzte, den ich in diesem Leben dem illustren Manne abstattete."

als „unverdauliches Machwerk" und „versifiziertes Sauerkraut" verriss.[42] Nicht besser erging es *Giacomo Meyerbeer*, auf den Heine, als die Freundschaft zerfiel, mehrere Spottlieder dichtete.[43]

Er selbst genoss das Pariser Leben in vollen Zügen. Seine Tändeleien mit den Pariser Grisetten, denen er auch noch zahlreiche Gedichte widmete, löste moralische Empörung vor allem in Deutschland aus, was Heine ganz trocken kommentierte:[44]

> „Es ist schwer, in Stuttgart nicht moralisch zu sein. In Paris ist es schon leichter, das weiß Gott!"

Die Stadt und seine Bewohner beschrieb Heine mit der größten Sympathie:

> „Paris, die schöne Zauberstadt, die dem Jüngling so holdselig lächelt, den Mann so gewaltig begeistert und den Greis so sanft tröstet."[45]

> „Was mir am besten an diesem Pariser Volke gefiel, das war sein höfliches Wesen und sein vornehmes Ansehen. Süßer Ananasduft der Höflichkeit! Wie wohltätig erquicktest Du meine kranke Seele, die in Deutschland so viel Tabaksqualm, Sauerkrautgeruch und Grobheit eingeschluckt!"[46]

Und nur die Franzosen wüssten:

> „Gott hat uns die Zunge gegeben, damit wir unseren Mitmenschen etwas Angenehmes sagen."[47]

Und Heine ist überzeugt:

> „Wenn der liebe Gott sich im Himmel langweilt, dann öffnet er das Fenster und betrachtet die Boulevards von Paris."[48]

---

[42] Lutezia, Artikel LV, 1843, DHA, Bd. 14/1, S. 44, 28 – 30. Doch wurde das Stück auch in der französischen Presse verrissen und blieb auf der Bühne ein als „Ruinenpoesie" verspotteter dauerhafter Misserfolg, s. näher *Volkmar Hansen*, DHA, Bd. 14/1, S. 566 ff.

[43] „Festgedicht" von 1849, DHA, Bd. 3/1, S. 241 f.; „Streiche von der Stirn den Lorbeer" von 1854, DHA, Bd. 3/1, S. 327; dazu *Alberto Destro*, DHA, Bd. 3/2, S. 1397.

[44] In: Über den Denunzianten. Eine Vorrede zum dritten Teil des Salons, DHA, Bd. 11, S. 159, 18 – 20.

[45] Französische Zustände, Artikel III, DHA, Bd. 12/1, S. 102, 33 – 35.

[46] Florentinische Nächte. Zweite Nacht, DHA, Bd. 5, S. 235, 1 – 5.

[47] Geständnisse, DHA, Bd. 15, S. 25, 22 – 23.

[48] Französische Zustände, Artikel V, DHA, Bd. 12/1, S. 118, 37 – 38.

6. Der Salonrevolutionär

Wo aber stand Heine politisch?

Die treffendsten Antworten auf diese Frage geben *Ludwig Börne*, sein ärgster Rivale um die Meinungsführerschaft der deutschen Liberalen in Paris – und Heine selbst.

Börne schreibt im dreißigsten seiner „Briefe aus Paris":[49]

> „Der arme Heine aber hat zwei Rücken, er fürchtet die Schläge der Aristokraten und die Schläge der Demokraten, und um beiden auszuweichen, muss er zugleich vorwärts und rückwärts gehen."

Da hatte *Börne* recht: Heine blieb stets ein unabhängiger Geist und machte sich mit keiner Partei gemein, was ihm Feindschaft und Hass von allen Seiten eintrug. Den radikalen Fortschrittsgläubigen galt er als lumpiger Reaktionär, den konservativen Monarchisten als gefährlicher Revolutionär.

Heine selbst hat die Ambivalenz seiner politischen Überzeugungen in „Deutschland. Ein Wintermärchen" ironisiert, indem er sich dieser von ihm als „sehr anzüglich" apostrophierten Frage – die er seiner Mutter in den Mund legt – schlicht verweigert.[50]

> „Mein liebes Kind! Wie denkst Du jetzt?
> Treibst Du noch immer aus Neigung
> Die Politik? Zu welcher Partei
> Gehörst Du mit Überzeugung?
>
> Die Apfelsinen, lieb Mütterlein,
> Sind gut, und mit wahrem Vergnügen
> Verschlucke ich den süßen Saft,
> Und ich lasse die Schalen liegen."

a) Liberté

Heine war ohne Zweifel ein überzeugter, aufrechter Demokrat. Sein politisches Werk stellte er in den Dienst des Kampfes für Freiheit und Gleichheit. Vor allem zur Freiheit hatte er ein emotionales, fast erotisches, jedenfalls immer enthusiastisches Verhältnis.

---

[49] Brief vom 25. Februar 1833, in: *Ludwig Börne*, Briefe aus Paris 1832 – 1833, Sechster Teil, Paris 1834, S. 135, 141 f. Große Teile dieses Briefes zitiert Heine wörtlich in seinem Werk „Ludwig Börne. Eine Denkschrift", Fünftes Buch, DHA, Bd. 11, S. 122 ff., um sich mit ihnen kritisch auseinander zu setzen.

[50] Deutschland. Ein Wintermärchen. Caput XX, DHA, Bd. 4, S. 136, 49 – 56.

> „Freiheit" – schreibt Heine – „ist ein schönes Wort. Nächst der Liebe gewiss das schönste."[51]

Da haben wir ihn wieder, unseren Liebesdichter. Auch die Freiheit, so sehr sie politisches Programm ist, lyrisch verehrt und in zierlichen Versen besungen werden darf sie dennoch.

Auch über die Art, wie die Völker zur Freiheit stehen, stellt Heine Betrachtungen an.[52]

> „Der Engländer liebt die Freiheit wie sein rechtmäßiges Weib, er besitzt sie, und wenn er sie auch nicht mit absonderlicher Zärtlichkeit behandelt, so weiß er sie doch im Notfall wie ein Mann zu verteidigen ...
> Der Franzose liebt die Freiheit wie seine erwählte Braut. Er glüht für sie, er flammt, er wirft sich zu ihren Füßen mit den überspanntesten Beteuerungen, er schlägt sich für sie auf Tod und Leben, er begeht für sie tausenderlei Torheiten.
> Der Deutsche liebt die Freiheit wie seine alte Großmutter."

Dass Heine selbst die Freiheit wie ein Franzose liebt, versteht sich.

Und um ihretwillen liebt er auch alle Franzosen, auch wenn er mit ihnen seine Scherze treibt:[53]

> „Wie ich die Freiheit liebe, liebe ich Frankreich, den heiligen Herd der Freiheit, und liebe ich dessen Flammenwächter, die Franzosen. Selbst die Klötze unter den letztern sind mir lieb, im Notfall dienen sie doch als Barrikaden gegen den eindringenden Despotismus."

Und doch war es Heine mit der Freiheit bitterernst. Er empört sich gegen die Unterdrückung vieler europäischer Völker durch militaristische Despoten und Besatzer. Er protestiert gegen die brutale Niederschlagung des Warschauer Novemberaufstands 1831 durch den russischen Zaren *Nikolaus I.* mit preußischer Unterstützung:[54]

> „Die Polen! Das Blut zittert mir in den Adern, wenn ich das Wort niederschreibe, wenn ich daran denke, wie Preußen gegen diese edelsten Kinder des Unglücks gehandelt hat, wie feige, wie gemein, wie meuchlerisch!"

Auch den durch Österreich und Russland blutig beendeten ungarischen Freiheitskampf von 1848/49 und die brutale Verfolgung der Aufständischen würdigt Heine in einem Gedicht:[55]

---

51 Über Polen. Erster Teil, DHA, Bd. 6, S. 65, 31 – 32.
52 In: Reisebilder. Vierter Teil. Englische Fragmente, 1828, DHA, Bd. 7/1, S. 211, 24 – 34.
53 Entwurf für ein Vorwort zur zweiten Auflage von „Reisebilder IV. 1833", DHA, Bd. 7/1, S. 524, 6 – 9.
54 Aus: Französische Zustände. Vorrede, DHA, Bd. 12/1, S. 69, 4 – 7.
55 Aus: „Im Oktober 1849", DHA, Bd. 3/1, S. 118.

> „Es fiel der Freiheit letzte Schanz,
> Und Ungarn blutet sich zu Tode –"

Vor allem *Friedrich Wilhelm den Dritten*, der seine wiederholten Versprechen, Preußen eine Verfassung zu geben, stets gebrochen hatte, griff Heine unbarmherzig an. Seine Vorrede zu den „Französischen Zuständen"[56] ist eine einzige Anklageschrift gegen den preußischen König.

> „Nie ist ein Volk von seinen Machthabern grausamer verhöhnt worden ... Es gab einen preußischen Liberalismus und die Freunde der Freiheit blickten schon vertrauensvoll nach den Linden von Berlin. Was mich betrifft, ich habe mich nie zu solchem Vertrauen verstehen wollen. Ich betrachtete vielmehr mit Besorgnis diesen preußischen Adler, und während andere rühmten, wie kühn er in die Sonne schaue, war ich desto aufmerksamer auf seine Krallen. Ich traute nicht diesem Preußen, diesem langen frömmelnden Kamaschenheld mit dem weiten Magen, und mit dem großen Maule, und mit dem Corporalstock, den er erst in Weihwasser taucht, ehe er damit zuschlägt. Mir missfiel dieses philosophisch christliche Soldatentum, dieses Gemengsel von Weißbier, Lüge und Sand. Widerwärtig, ... dieses steife, heuchlerische, scheinheilige Preußen, dieser Tartuffe unter den Staaten."

Und Heine zieht sein Fazit:

> „... Jetzt sieht jeder, dass das deutsche Volk, als es für seine Fürsten Gut und Blut geopfert und den versprochenen Lohn der Dankbarkeit empfangen sollte, aufs Heilloseste getäuscht worden, dass man ein freches Gaukelspiel mit uns getrieben, dass man, statt der zugelobten Magna Charta der Freiheit, uns nur eine verbriefte Knechtschaft ausgefertigt hat."

Dieser Frontalangriff auf den preußischen König war starker Tobak für einen Meister der zarten Lyrik. Heine war eben auch ein politischer Feuerkopf, wenn er auch nur die ihm eigenen Waffen – Papier und Feder – zu führen verstand, die aber glänzend!

Selbstverständlich hat die preußische Zensur das Buch sofort verboten, und Heine war die Rückkehr nach Deutschland endgültig verbaut. Denn er weiß genau – wie er in einem späteren Gedicht seufzend feststellt[57] – er hat zu viel „Erschießliches" geschrieben.

Aber nicht nur für die politische Freiheit kämpfte Heine, sondern auch für die geistige Freiheit, für die Pressefreiheit und für den Schutz des Geistigen Eigentums, dessen Fehlen die Zensur überhaupt erst möglich machte. Heine hatte erhebliche Zensureingriffe hinzunehmen, die den Sinn seiner Texte nicht selten in ihr genaues Gegenteil verkehrten.

---

[56] DHA, Bd. 12/1, S. 65 ff.
[57] In seinem Gedicht „Jetzt wohin?" von 1849, das seine Sehnsucht nach der deutschen Heimat besingt, DHA, Bd. 3/1, S. 101, 8.

„Möge auch einmal für Deutschland" – so schreibt er in „Lutezia"[58] – „die Stunde schlagen, wo das Geistige Eigentum des Schriftstellers ebenso ernsthaft anerkannt werde, wie das baumwollene Eigentum des Nachtmützenfabrikanten."

Wehren konnte sich Heine gegen die Zensur nicht, er konnte sie nur persiflieren und lächerlich machen. Schon im zweiten Band der „Reisebilder" ließ er ein ganzes Kapitel nur mit Zensurstrichen erscheinen,[59] übrig blieben lediglich die Worte

„Die deutschen Censoren – – – – – Dummköpfe – – – – –."

Und in der „Geschichte der Religion und Philosophie in Deutschland"[60] schrieb er:

„Sonderbar! Wir Deutschen sind das stärkste und das klügste Volk. Unsere Fürstengeschlechter sitzen auf allen Thronen Europas, unsere Rothschilde beherrschen alle Börsen der Welt, unsere Gelehrten regieren in allen Wissenschaften ..., aber wenn wir in den ‚Hamburger Correspondent' setzen wollen: ‚meine liebe Gattin ist in die Wochen gekommen mit einem Töchterlein, schön wie die Freiheit!', dann greift der Herr Doktor Hoffmann zu seinem Rotstift und streicht uns die ‚Freiheit'".

Selbstredend ist auch dieser Satz Heines der Zensur zum Opfer gefallen.

b) Égalité

Auch die „Égalité" hatte sich Heine auf seine literarischen Fahnen geschrieben. Er focht für die Abschaffung der Adelsprivilegien und die Gleichheit aller Menschen. In seinen ersten Pariser Jahren war Heine

---

[58] Lutezia, Artikel LVI, von 1843, DHA, Bd. 14/1, S. 56, 2 – 7.
[59] Capitel XII von: Ideen. Das Buch Le Grand, 1826, Reisebilder. Zweiter Teil, DHA, Bd. 6, S. 201, 20 – 25.
[60] Erstes Buch, DHA, Bd. 8/1, S. 37, 12 – 21. Mit „Doktor Hoffmann" gemeint ist *Friedrich Ludwig Hoffmann*, Hamburger Publizist und Advokat, der seit 1822 auch das Amt des Zensors ausübte. Ihm hat Heine im „Wintermärchen", Caput XXII, 25 – 32, später noch ein besonderes Denkmal gesetzt durch die Beschreibung eines fiktiven Wiedersehens in Hamburg 1844:

„Auch meinen alten Censor sah
Ich wieder, im Nebel, gebücket,
Begegnet' er mir auf dem Gänsemarkt,
Schien sehr darnieder gedrücket.

Wir schüttelten uns die Hände, es schwamm
Im Auge des Manns eine Thräne.
Wie freute er sich mich wieder zu sehn!
Es war eine rührende Szene."

von der Idee der Gleichheit so begeistert, dass er mit der sektenartigen utopistischen Gleichheitsideologie der Saint-Simonisten liebäugelte. Die Simonisten hatten sich aus einer christlichen Erneuerungsschrift des revolutionsbegeisterten verarmten Adligen *Saint-Simon* das Modell einer kommunitären Lebensgemeinschaft gezimmert und versuchten, dieses Modell zu leben – es dürfte der Berliner Kommune 1 nicht unähnlich gewesen sein. Ihr *Fritz Teufel* war *Prosper Enfantin*, der später mit seinen Jüngern nach Ägypten auswanderte.

Doch hielt Heines Begeisterung für die Simonisten nicht lange an, denn Unterwerfung unter fremde Ideen war für ihn undenkbar. Das Höchste für Heine ist

„die selbstbewusste Freiheit des Geistes".[61]

Deshalb nimmt er für sich das Privileg in Anspruch, über aller Parteilichkeit zu stehen und jenseits aller politischen Bekenntnisse seinen eigenen Überzeugungen zu folgen. Heine sah sich ohne jeden Anflug falscher Bescheidenheit als „Denkerfürst", als Zentrum seines eigenen Universums. Er war also viel zu sehr Individualist, um es mit der Égalité wirklich ernst zu meinen. Gewiss, er feiert sie als Idee:

„Lasst uns die Franzosen preisen! Sie sorgten für die zwei größten Bedürfnisse der menschlichen Gesellschaft, für gutes Essen und bürgerliche Gleichheit."[62]

Berühmt sind auch die Verse aus dem Eingangskapitel von „Deutschland. Ein Wintermärchen",[63] in dem Heine die Ausbeutung des Volkes durch den Adel anprangert und die Vertröstung der Armen aufs Jenseits – ein Thema, das Heine immer wieder bewegte:

„Wir wollen auf Erden glücklich sein
Und wollen nicht mehr darben;
Verschlemmen soll nicht der faule Bauch,
Was fleißige Hände erwarben.

Es wächst hienieden Brot genug
Für alle Menschenkinder,
Auch Rosen und Myrthen, Schönheit und Lust,
Und Zuckererbsen nicht minder.

Ja, Zuckererbsen für jedermann,
Sobald die Schoten platzen!
Den Himmel überlassen wir
Den Engeln und den Spatzen."

---

[61] Aus: Lutezia, Artikel LV, DHA, Bd. 14/1, S. 48, 5 – 7.
[62] Aus: Reisebilder. Dritter Teil. Italien 1828. Die Reise von München nach Genua, Capitel XXIX, DHA, Bd. 7/1, S. 70, 14 – 16.
[63] Caput I, DHA, Bd. 4, S. 92, 37 – 48.

Doch sieht Heine auch die Gefahren radikaler Gleichmacherei:[64]

> „Strenge Gleichheit! Jeder Esel
> Sei befugt zum höchsten Staatsamt,
> Und der Löwe soll dagegen
> Mit dem Sack zur Mühle traben."

Da Heine zu viel Gleichheit misstraut, hält er persönlich wohl die konstitutionelle Monarchie für die beste Regierungsform, soweit man dies bei Heines höchst widersprüchlichen Äußerungen zur Frage der richtigen Staatsform überhaupt vermuten kann:

> „Die beste Demokratie wird immer diejenige sein, wo ein Einziger als Inkarnation des Volkswillens an der Spitze des Staates steht ...; unter jenem... blüht die sicherste Menschengleichheit, die echteste Demokratie."[65]

Doch ist Heine überzeugt: Wahre Gleichheit gibt es erst dann, wenn das Volk aus seinem materiellen Elend befreit ist:

> „Le pain est le droit du peuple – sagt *Saint Just*, und das ist das größte Wort, das in der ganzen Revolution gesprochen worden"

meint Heine.[66]

In seinem Gedicht „Die Wanderratten"[67] gießt Heine diese Grundwahrheit in eine satirische, fast burleske Form. Das Gedicht handelt von der Bedrohung der wohlsituierten Bürger durch die hungrigen Wanderratten – gemeint sind natürlich die Kommunisten:

> „Die radikale Rotte
> Weiß nichts von einem Gotte.
> Sie lassen nicht taufen ihre Brut,
> Die Weiber sind Gemeindegut.
>
> Der sinnliche Rattenhaufen,
> Er will nur fressen und saufen,
> Er denkt nicht, während er säuft und frisst,
> Dass unsre Seele unsterblich ist."

---

[64] Atta Troll. Ein Sommernachtstraum, Caput VI, 45 – 48.

[65] Shakespeares Mädchen und Frauen. Tragödien. Portia (Julius Cäsar), DHA, Bd. 10, S. 41, 27 – 33.

[66] Schlusssatz des Fragments zu verschiedenartigen Geschichtsauffassungen von 1833, das wohl Teil des Entwurfs einer Vorrede zu einer von der Henneschen Buchhandlung in Stuttgart 1833 projektierten illustrierten „Deutschen Geschichte" war, als deren Herausgeber u.a. Heine vorgesehen war; abgedruckt in DHA, Bd. 10, S. 301 f.; näher zu den Hintergründen dieses Projekts *Jan-Christoph Hauschild*, DHA, Bd. 10, S. 795 ff.

[67] Von 1855 aus dem Zyklus „Lyrischer Nachlass", DHA, Bd. 3/1, S. 334 ff.

Aber Heine weiß Abhilfe:

> „Heut helfen euch nicht die Wortgespinste
> Der abgelegten Redekünste.
> Man fängt nicht Ratten mit Syllogismen,
> Sie springen über die feinsten Sophismen.
>
> Im hungrigen Magen Eingang finden
> Nur Suppenlogik mit Knödelgründen,
> Nur Argumente von Rinderbraten,
> Begleitet mit Göttinger Wurst-Zitaten.
>
> Ein schweigender Stockfisch, in Butter gesotten,
> Behaget den radikalen Rotten
> Viel besser als ein Mirabeau
> Und alle Redner seit Cicero."

In diesem sozialen Anliegen ist Heine mit den Kommunisten einig:

> „Die Propaganda des Kommunismus" – so schreibt er[68] – „besitzt eine Sprache, die jedes Volk versteht: die Elemente dieser Universalsprache sind so einfach wie der Hunger, wie der Neid, wie der Tod."

Sonst aber hatte Heine für die Kommunisten keinerlei Sympathie, auch wenn er mit *Karl Marx* persönlich eng befreundet war. Das gemeinsame Interesse war aber kein politisches, sondern galt – erstaunlicherweise – allein der Dichtkunst. *Marx* liebte und bewunderte Heine grenzenlos als Dichter, und nur deshalb verzieh er ihm sein mangelndes politisches Engagement.[69]

Marx selbst hatte in seiner Jugend lyrische Ambitionen und hatte sich in Verehrung Heines an einem „Buch der Liebe" versucht.[70] In einem Akt kritischer Selbsterkenntnis hatte *Marx* jedoch von der Poesie wieder abgelassen und sich stattdessen der politischen Analyse zugewandt: Der Meister hatte einfach zu hohe Maßstäbe gesetzt!

Wenn man das bedenkt, dann hat Heine mit seiner Dichtkunst den Lauf der Weltgeschichte unendlich viel stärker beeinflusst als mit allen seinen politischen Schriften. – Übrigens geht auch der berühmte Ausspruch von *Marx*, Religion sei Opium fürs Volk, auf Heine zurück;[71] *Marx* hat ihn lediglich synthetisiert und polit-slogan-tauglich gemacht.

---

[68] Lutezia, Artikel XXXVII, DHA, Bd. 13/1, S. 140, 38 – 40.
[69] Näher dazu *Kerstin Decker*, Heinrich Heine. Narr des Glücks, Berlin 2005, S. 334 ff.
[70] *Marx/Engels*. Gesamtausgabe, Berlin 1975, S. 1220 ff.
[71] S. Heines Bemerkung über die religiöse Heuchelei, den Pietismus, der das schlimmste Opium für die Engländer als Nation sei, in: Lutezia, Artikel XVI,

Immerhin aber gelang es *Marx*, Heine wieder zur politischen Dichtung zu bringen, und so entstanden die großartigsten und kraftvollsten sozialkritischen Gedichte und Balladen, die je in deutscher Sprache geschrieben wurden.[72] Das erschütternde Gedicht über den schlesischen Weberaufstand ist davon sicher das bekannteste.[73]

c) Fraternité

Heine glühte also für „Liberté" und „Égalité". Die „Fraternité" hingegen war ihm suspekt, ja er fürchtete sich geradezu vor ihr. Von einer Verbrüderung mit den Anhängern der demokratischen Bewegung hielt er gar nichts;[74] besonders mit den „Umtrieben" der Kommunisten wollte er nichts zu tun haben.[75]

Das machte ihn in den Augen *Börnes*, des begabten Volksredners und Demagogen, der ebenfalls aus politischen Gründen im Pariser Exil lebte, verächtlich, obwohl sich Heine und *Börne* politisch sehr nahestanden.

DHA, Bd. 13/1, S. 80, 16 – 18; ähnlich seine Bemerkung: „Heil einer Religion, die dem leidenden Menschengeschlecht in den bittern Kelch einige süße, einschläfernde Tropfen goss, geistiges Opium, einige Tropfen Liebe, Hoffnung und Glauben!", in: Ludwig Börne. Eine Denkschrift. Viertes Buch, DHA, Bd. 11, S. 103, 9 – 12.

[72] Fast alle Gedichte aus dem Ersten Buch des Romanzero. Historien, DHA, Bd. 3/1, S. 9 ff., haben sozialkritischen Charakter und prangern die soziale Indifferenz und Willkür absolutistischer Herrschaft an. Besonders deutlich wird diese Tendenz etwa in Rhampsenit (der Dieb als Herrscher), Der Schelm von Bergen (der Henker wird geadelt), Schlachtfeld bei Hastings (der Böse siegt), Maria Antoinette (Kritik der Restaurationszeit), König David (Herrscherbrutalität), Der Dichter Firdusi (der lügnerische und wortbrüchige König). Auch im Zweiten Buch des Romanzero, den Lamentazionen, ebenda S. 77 ff., finden sich sozialkritische Gedichte, etwa Spanische Atriden (Herrschergrausamkeit), Jetzt wohin (soziale Verhältnisse in verschiedenen Staaten), Lumpentum (Sozialkritik), Im Oktober 1849 (zweite Restauration). In seinem späteren Gedicht Das Sklavenschiff von 1851, DHA, Bd. 3/1, S. 190, prangert Heine die Gier und Brutalität der Sklavenhändler an.

[73] Heines Gedicht stammt aus dem Zyklus „Neue Gedichte", erstmals abgedruckt am 10. Juli 1844 im „Vorwärts"; die erweiterte, von Heine als endgültig gewollte Fassung stammt von 1846, DHA, Bd. 2, S. 150.

[74] Bezeichnend hierfür sein Satz in Lutezia, Artikel XXV, DHA, Bd. 13/1, S. 99, 16 – 18: „Es ist wahr, wir sind alle Brüder, aber ich bin der große Bruder und ihr seid die kleinen Brüder, und mir gebührt eine bedeutendere Portion".

[75] Vgl. hierzu explizit Geständnisse, 1854, DHA, Bd. 15, S. 30, 12 – 40.

Doch beruhte die Animosität auf Gegenseitigkeit, denn Heine wiederum verachtete *Börne* als Fanatiker, als „Hoflakaien des Volkes".[76]

Gefragt, worin er sich von *Börne* unterscheide, soll Heine geantwortet haben:[77]

> „Ich bin eine gewöhnliche Guillotine, *Börne* ist eine Dampfguillotine."

Nie wäre es Heine in den Sinn gekommen, wie *Börne* 1832 nach Deutschland zu reisen, um als Agitator am Hambacher Fest teilzunehmen, oder bei den Pariser Versammlungen der deutsche Emigranten, die meisten einfache Handwerker oder Arbeiter, feurige Revolutionsreden zu halten. Der Schöngeist und Genussmensch Heine hasste Bierdunst, Tabaksqualm und grobes Betragen und verachtete die ungebildeten und ungehobelten Landsleute:

> „Vielfach hörten wir die Behauptung: Der echte Demokrat schreibt wie das Volk, herzlich schlicht und schlecht. Den meisten Männern der Bewegung gelang dieses sehr leicht; aber nicht jedem ist es gegeben, schlecht zu schreiben."[78]

Dass dies auch als Seitenhieb gegen *Börne* gedacht war, darf vermutet werden.

Überhaupt scheut und meidet Heine, der so sehr die feine Lebensart schätzt, jede Berührung mit dem Volk, wie er freimütig zugibt:[79]

> „Wir wollen gern für das Volk uns opfern, denn Selbstaufopferung gehört zu unseren raffiniertesten Genüssen – die Emanzipation des Volkes war die große Aufgabe unseres Lebens und wir haben dafür gerungen und namenloses Elend ertragen, in der Heimat wie im Exile –, aber die reine, sensitive Natur des Dichters sträubt sich gegen jede persönlich nahe Berührung mit dem Volke, und noch mehr schrecken wir zusammen bei dem Gedanken an seine Liebkosungen, vor denen uns Gott bewahre! Ein großer Demokrat sagte einst, er würde, hätte ein König ihm die Hand gedrückt, sogleich seine Hand ins Feuer halten, um sie zu reinigen. Ich möchte in derselben Weise sagen, ich würde meine Hand waschen, wenn mich das souveräne Volk mit seinem Händedruck beehrt hätte."

---

[76] Ebenda, S. 31, 7.
[77] So berichtet es *Ludwig Börne* in: Briefe aus Paris, 25. Brief vom 4. Februar 1832, Briefe aus Paris 1831 bis 1832, Dritter Teil, Herisau 1835, S. 85.
[78] Einleitung zu *Miguel Cervantes de Saavedra*: Der sinnreiche Junker Don Quixote von La Mancha, DHA, Bd. 10, S. 255 f.
[79] Geständnisse, 1854, DHA Bd. 15, S. 30, 30 – 40, S. 31, 1 – 4.

Zutiefst misstraut Heine dem Volk, seinen Demagogen und politischen Parteien:[80]

> „Ich bin sogar überzeugt, die Interessen der Demokratie sind weit weniger gefährdet durch einen Regenten, dem man wenig traut und den man beständig kontrolliert, als durch einen jener Günstlinge des Volks, denen man sich mit blinder Vorliebe hingibt ..."

Außerdem vermutet er bei den Parteiführern nicht nur edle Motive:[81]

> „Die meisten jener Oppositionsmänner wollen nur ihre Partei ans Regiment bringen, um dieses, gleich den Konservativen, in ihrem Privatinteresse auszubeuten. Die Prinzipien sind auf beiden Seiten nur Losungsworte ohne Bedeutung; es handelt sich im Grunde nur darum, welche von beiden Parteien die materiellen Vorteile der Herrschaft erwerbe."

Wäre es nicht so elegant formuliert, es hätte auch gestern in der FAZ stehen können.

Zieht man hier eine Zwischenbilanz des politischen Heine, so sehen wir das Bild eines typischen Salonrevolutionärs. Zwar focht er sein Leben lang wacker für den Umsturz der politischen Verhältnisse oder – wie er selbst schreibt:[82]

> „Seit dreißig Jahren diene ich der Freiheitsgöttin treu und redlich."

Doch zugleich treibt ihn die Furcht vor den Folgen der Revolution, vor der Herrschaft des Pöbels, vor der Kommunistenherrschaft um. Denn Heine weiß: Eine echte Revolution würde auch ihn, wenn nicht den Kopf, so jedenfalls sein kommodes Wohlleben und seine privilegierte Stellung als gefeierter Dichter kosten. So schreibt er im Entwurf der Vorrede zu „Lutezia":[83]

> „Nur mit Grauen und Schrecken denke ich an die Zeit, wo jene dunklen Ikonoklasten zur Herrschaft gelangen werden: Mit ihren rohen Fäusten

---

[80] Lutezia, Artikel XLVIII, DHA, Bd. 14/1, S. 22, 8 – 11.
[81] Lutezia, Artikel LVIII, DHA, Bd. 14/1, S. 66, 14 – 19. Wenig später im selben Artikel heißt es auf S. 67, 14 – 16, noch zugespitzter: „Was kümmert es uns, ob es ein Schnapphahn der Rechten oder ein Schnapphahn der Linken ist, der die goldenen Gedärme des Budgets einsteckt?"
[82] In dem von Heine für die Augsburger Allgemeine Zeitung verfassten Bericht über den Paris-Besuch seines Bruders „Maximilian Heine in Paris, 3.8.1852", DHA, Bd. 15, S. 116, 32 – 34. Heines Selbstzitat fährt allerdings ironisch fort: „...redlich, und alles was ich in ihrem Dienst gewonnen, ist die Rückenmarkdarre."
[83] DHA, Bd. 13/1, S. 294, 25 – 42; vgl. auch „Préface" zur französischen Ausgabe von „Lutèce", 1855, DHA, Bd. 13/1, S. 167, 4 – 19.

> zerschlagen sie alsdann alle Marmorbilder meiner geliebten Kunstwelt, sie zertrümmern alle jene fantastischen Schnurrpfeifereien, die dem Poeten so lieb waren; sie hacken mir meine Lorbeerwälder um und pflanzen darauf Kartoffeln. Die Lilien, welche nicht spannen und arbeiteten, und doch so schön gekleidet waren wie König Salomon, werden ausgerauft aus dem Boden der Gesellschaft, wenn sie nicht etwa zur Spindel greifen wollen; den Rosen, den müßigen Nachtigallbräuten, geht es nicht besser, die Nachtigallen, die unnützen Sänger, werden fortgejagt und ach! mein Buch der Lieder wird der Krautkrämer zu Tüten verwenden, um Kaffee oder Schnupftabak darin zu schütten für die alten Weiber der Zukunft – ach! das sehe ich alles voraus und eine unsägliche Betrübnis ergreift mich …"

Unglücklicherweise behielt Heine damit wie mit vielen seiner politischen Voraussagen recht.[84]

7. Heines europäische Mission

Heine war aber auch in anderer Hinsicht seiner Zeit weit voraus: Er war begeisterter Europäer und Kosmopolit. Auch das unterschied ihn von den Ideologen der deutschen Demokratiebewegung, die allesamt Nationalisten waren, ebenso wie die Burschenschaften, die Turnerbünde und viele liberale Literaten und Politiker. Die schwarz-rot-goldene Fahne ist ihr Symbol, die staatliche Einigung Deutschlands ihr oberstes Ziel. Sarkastisch beschreibt Heine die vorhersehbaren Gründe für das Scheitern der 1848er Revolution in dem Gedicht „Michel nach dem März",[85] in dem er zunächst den revolutionären Wagemut des deutschen Michel feiert, dann aber fortfährt:

> „Doch als die schwarz-rot-goldne Fahn,
> Der altgermanische Plunder,
> Aufs Neu erschien, da schwand mein Wahn
> Und die süßen Märchenwunder.
>
> Ich kannte die Farben in diesem Panier
> Und ihre Vorbedeutung:

---

[84] Am bekanntesten ist sein berühmtes Wort aus seiner Erstlings-Tragödie „Almansor", DHA, Bd. 5, S. 16, 243 – 244,
„Das war ein Vorspiel nur, dort wo man Bücher
Verbrennt, verbrennt man auch am Ende Menschen",
das sich im Dritten Reich mit dem systematischen Völkermord an den Juden auf das Fürchterlichste realisierte.
[85] DHA, Bd. 3/1, S. 239 f.

> Von deutscher Freiheit brachten sie mir
> Die schlimmste Hiobszeitung.
>
> Schon sah ich den Arndt, den Vater Jahn –
> Die Helden aus andern Zeiten
> Aus ihren Gräbern wieder nahn
> Und für den Kaiser streiten.
>
> Die Burschenschaftler allesamt
> Aus meinen Jünglingsjahren,
> Die für den Kaiser sich entflammt,
> Wenn sie betrunken waren.
>
> Ich sah das sündenergraute Geschlecht
> Der Diplomaten und Pfaffen,
> Die alten Knappen vom römischen Recht,
> Am Einheitsstempel schaffen –
>
> Derweil der Michel geduldig und gut
> Begann zu schlafen und schnarchen,
> Und wieder erwachte unter der Hut
> Von vierunddreißig Monarchen."

Da war Heine schon sehr viel weiter. Denn er verabscheut

> „jenen beschränkten Teutomanismus, der viel von Liebe und Glaube greinte, dessen Liebe aber nichts anderes war als Hass des Fremden und dessen Glaube nur in der Unvernunft bestand, und der in seiner Unwissenheit nichts Besseres zu erfinden wusste, als Bücher zu verbrennen!"[86]

Heine dagegen schwärmt im „Wintermärchen" von einem freien und friedlichen Europa:[87]

> „Die Jungfer Europa ist verlobt
> Mit dem schönen Geniusse
> Der Freiheit, sie liegen einander im Arm,
> Sie schwelgen im ersten Kusse.
>
> Und fehlt der Pfaffensegen dabei,
> Die Ehe wird gültig nicht minder –
> Es lebe Bräutigam und Braut,
> Und ihre zukünftigen Kinder."

Den nationalistischen Fremdenhass zu bekämpfen und den Boden für eine Verständigung zwischen den europäischen Völkern zu bereiten, sah

---

[86] Ludwig Börne. Eine Denkschrift. Viertes Buch, DHA, Bd. 11, S. 83, 21 – 25.
[87] Deutschland. Ein Wintermärchen, Caput I, DHA, Bd. 4, S. 92 f., 57 – 64.

Heine im Pariser Exil als seine vornehmste Pflicht und Aufgabe an. Denn – so Heine[88] –

> „wenn wir es dahin bringen, dass die große Menge die Gegenwart versteht, so lassen die Völker sich nicht mehr von den Lohnschreibern der Aristokratie zu Hass und Krieg verhetzen ..."
> „Sogar die Deutschen [haben] gemerkt, wie der Nationalhass nur ein Mittel ist, eine Nation durch die andere zu knechten."

Heines Überzeugung, dass täglich mehr und mehr der törichten Nationalvorurteile verschwänden und alle nationalen Besonderheiten in der Allgemeinheit der europäischen Zivilisation untergingen,[89] ist leider frommes Wunschdenken geblieben.

Heine jedenfalls hat eine Sendung: Er will die Völker Europas friedlich vereinen und widmet deshalb bedeutende Teile seines literarischen Schaffens im Pariser Exil dem Anliegen, Deutschen und Franzosen die Geschichte, Kultur und Philosophie des jeweils anderen Volkes nahe zu bringen.

Zunächst berichtet er für das Stuttgarter „Morgenblatt für gebildete Stände" über die Gemälde des Pariser Kunstsalons und lobt vor allem die Revolutionskunst. Begeistert ist er natürlich von dem berühmten Gemälde von *Eugène Delacroix* „La liberté guidant le peuple".[90] Das Bild hängt heute im Louvre.

Danach wird Heine Korrespondent der Augsburger Allgemeinen Zeitung, eines auflagenstarken liberalen Blattes, zu jener Zeit wohl die bestinformierte und meistgelesene Zeitung Europas. Auch *Goethe* hatte sie abonniert. Heines im Wesentlichen politischen Berichte für die Augsburger Allgemeine Zeitung sollen aufklären und den Deutschen ein objektives Bild von den politischen Verhältnissen im nachrevolutionären Frankreich vermitteln.

Leider macht die Pressezensur dieses Vorhaben weitgehend zunichte, weil Heine – wie üblich – jeder Partei an den Karren fährt. Die Berichte sind später, mit wieder aufgefüllten Zensurlücken – unter dem Titel „Französische Zustände" als Buch erschienen.

Im Laufe seiner Pariser Jahre informiert Heine das deutsche Publikum ausführlich über die französische Bühne – Theater und Musiktheater –, über die Politik, über Kunst und Literatur und über das Gesellschaftsleben.

---

[88] Französische Zustände. Vorrede, DHA, Bd. 12/1, S. 65, 26 – 29, und Vorrede zur Vorrede zu Französische Zustände, DHA, Bd. 12/1, S. 451, 28 – 29.
[89] Reisebilder. Dritter Teil. Italien 1828. Die Reise von München nach Genua, Capitel XXIV, DHA, Bd. 7/1, S. 69, 2 – 4.
[90] Heine widmet dem Gemälde eine eigene Besprechung in: Französische Maler. Gemäldeausstellung in Paris 1831, DHA, Bd. 12/1, S. 20 ff.

Ende der 1830er Jahre nimmt Heine die Gründung einer deutschsprachigen Zeitung in Angriff, die in Paris erscheinen soll, aber für den deutschen Markt und das deutsche Publikum bestimmt ist – ein weiteres Projekt seiner europäischen Vision. Ganz im Ernst glaubt Heine, er werde dafür die preußische oder österreichische Zulassung erhalten, wenn er nur publizistisches Wohlverhalten und politische Neutralität zusichert – und das nur drei Jahre nach dem vollständigen Verbot seiner Bücher in beiden Staaten wegen notorischer Majestätsbeleidigung.[91] Da kannte Heine aber die Obrigkeit genauso schlecht wie sich selbst: Als ob er sich durch solche Beteuerungen jemals von seinen politischen Rundumschlägen hätte abhalten lassen! Das Zeitungsprojekt musste also, wie leicht vorhersehbar, mangels Zulassung scheitern.

Umgekehrt leistet Heine in der französischen Presse Aufklärungsarbeit über Deutschland. Sehr bald publiziert er seine Prosawerke – später auch seine Lyrik – in französischer Übersetzung. Eigens für die neu gegründete Pariser Literaturzeitschrift „L'Europe Littéraire" verfasst Heine zahlreiche Artikel über die deutsche Literatur, von *Lessing* bis *Uhland*, die später unter dem Titel „Die romantische Schule" auch auf Deutsch in Buchform erscheinen. Zu demselben Zweck – nämlich der Aufklärung der Franzosen über deutsche Denkart – schrieb Heine die „Geschichte der Religion und Philosophie in Deutschland", die zuerst in Fortsetzungen in der „Revue des deux Mondes" publiziert wurde.

Diese von Heine selbstgewählte und im Pariser Exil getreulich erfüllte Aufgabe, durch Aufklärung Vertrautheit mit dem Nachbarvolk herzustellen und dadurch den Völkerhass in Europa abzubauen, beschreibt er in einem Brief an einen Hamburger Freund:[92]

> „Ich werde in jenem Journale[93] alles Mögliche tun, um den Franzosen das geistige Leben der Deutschen bekannt zu machen; dieses ist meine jetzige Lebensaufgabe, und ich habe vielleicht überhaupt die ‚pacifike' Mission, die Völker einander näher zu bringen. Das aber fürchten die Aristokraten am meisten; mit der Zerstörung der nationalen Vorurteile, mit dem Vernichten der patriotischen Engsinnigkeit schwindet ihr bestes Hilfsmittel der Unterdrückung. Ich bin daher der inkarnierte Kosmopolitismus, ich weiß, dass dieses am Ende die allgemeine Gesinnung wird in Europa."

---

[91] Durch Beschluss der deutschen Bundesversammlung in Frankfurt am Main vom 10. Dezember 1835, im Wortlaut abgedruckt in DHA, Bd. 11, S. 794 f., wurden Heines Bücher in allen Staaten des Deutschen Bundes verboten. Veranlasst hatte diesen Beschluss Fürst *Metternich*, der das Verbot auf Österreich erstreckte. Näher *Ursula Stein*, Heinrich Heine und das Geistige Eigentum, Berlin 2007, S. 14 m.w.N.
[92] Brief von Anfang April 1833, HSA, Bd. 21, S. 51 f.
[93] Gemeint ist „L'Europe littéraire".

8. Der arme Poet und seine Finanzen

Wie aber bestreitet der selbsternannte europäische Missionar sein kostspieliges Pariser Leben?

Von den Einkünften aus seinen Publikationen allein kann er nicht leben. Denn die Zensur und später das Verbot seiner Bücher verschließen ihm den lukrativen deutschen Markt. Und der fehlende Urheberrechtsschutz bringt ihn um Millioneneinnahmen aus Veröffentlichungen seiner Werke im europäischen und außereuropäischen Ausland[94] sowie aus den unzähligen Vertonungen seiner Gedichte.[95]

Zu Geld hatte Heine ein genauso ambivalentes Verhältnis wie zur Politik. Auf der einen Seite ist es ihm unentbehrlich zum Leben, und er ist ständig auf der Suche nach neuen Einnahmequellen; auf der anderen Seite verabscheut er „Die Gottwerdung des Geldes", oder ist es – da hat Heine Zweifel – „Die Geldwerdung Gottes?"[96]

Klingt verteufelt nach Wall Street, und in der Tat hatte Heine schon vor 180 Jahren die Amerikaner im schlimmsten und nicht ganz unrichtigen Verdacht:[97]

> „Dabei machen die Amerikaner großes Wesen von ihrem Christentum und sind die eifrigsten Kirchengänger. Solche Heuchelei haben sie von den Engländern gelernt, die ihnen übrigens ihre schlechtesten Eigenschaften zurückließen. Der weltliche Nutzen ist ihre eigentliche Religion und das Geld ist ihr Gott, ihr einziger, allmächtiger Gott."

Wer würde dem im Jahre 2009 noch widersprechen?

Jedenfalls war Heine in Finanzdingen sehr viel pfiffiger als alle dachten. Das Volontariat, das er in jungen Jahren bei dem Frankfurter Bankier *Rindskopf* absolviert hatte,[98] zahlte sich also doch noch aus.

---

[94] Noch zu Heines Lebzeiten erschienen zwei unautorisierte Gesamtausgaben seiner Werke in den Niederlanden, „Sämmtliche Werke", Amsterdam, 1854, und in den USA „Heinrich Heine's Sämmtliche Werke", Philadelphia, 1855.

[95] Heinrich Heine ist der meistvertonte Poet der Welt. Allein vom „Buch der Lieder" gibt es etwa 10.000 musikalische Versionen. Ausf. hierzu m. weiterf. Nachw. *Gerhard Höhn*, Heine-Handbuch, Zeit – Person – Werk, 3. Aufl. 2004, S. 77.

[96] Die romantische Schule. Drittes Buch, DHA, Bd. 8/1, S. 221, 38 – 39; ähnlich in Lutezia, Artikel XXXII, DHA, Bd. 13/1, S. 123, 13 – 14: „Denn das Geld ist der Gott unserer Zeit und Rothschild ist sein Prophet."

[97] Aus: Ludwig Börne. Eine Denkschrift. Zweites Buch. Brief aus Helgoland, 1. Juli 1830, DHA, Bd. 11, S. 37, 38 – 40, S. 38, 1 – 3.

[98] Heine hatte seinen Vater im Herbst 1815, also im Alter von 17 Jahren, zur Frankfurter Messe begleitet und anschließend als Volontär im Bankhaus des jüdischen Bankiers *Jakob Beer Rindskopf* gelernt, vgl. *Manfred Windfuhr*,

Heine mimt den armen Poeten, lamentiert unentwegt über Geldnöte, pumpt sämtliche Familienmitglieder und Freunde an – und trägt heimlich ein hübsches Vermögen zusammen.[99] Er bezieht ein ordentliches Salär von Onkel *Salomon*,[100] eine anständige Pension aus der französischen Staatskasse,[101] leiert seinem Verleger enorme Honorare aus den Rippen,[102] lässt sich von wohlhabenden Freunden aushalten[103] und von sämtlichen Rothschild-Banken Europas mit nicht rückzahlbaren Darlehen und kostenlosen Aktien versorgen.[104] Von Heines beißender Ironie

---

DHA, Bd. 5, S. 572, 24 – 28; S. 696, 12 – 13; *Gerd Heinemann*, DHA, Bd. 15, S. 1201 f. Heine selbst schreibt hierüber in seinen Memoiren, DHA, Bd. 15, S. 63, 23 – 28: „Um etwas vom Wechselgeschäft und von Kolonialwaren kennen zu lernen, musste ich später das Comptoir eines Bankiers meines Vaters und die Gewölbe eines großen Spezereihändlers besuchen; erstere Besuche dauerten höchstens drei Wochen, letztere vier Wochen. Doch ich lernte bei dieser Gelegenheit, wie man einen Wechsel ausstellt und wie Muskatnüsse aussehen."

[99] S. hierzu *Fritz J. Raddatz*, Taubenherz und Geierschnabel. Heinrich Heine. Eine Biographie, Weinheim und Basel, 1997, S. 184 ff.

[100] Von 1839 bis zu seinem Tod 1844 zahlte *Salomon Heine* dem Dichter jährlich 4.000 Frs., seit seiner Heirat 1841 4.800 Frs., s. *Jan-Christoph Hauschild/Michael Werner*, Heinrich Heine, 2. Aufl., München 2005, S. 70.

[101] Von 1836 bis 1848 zahlte ihm der französische Staat eine jährliche Unterstützung von 4.800 Frs., s. dazu näher *Volkmar Hansen*, DHA, Bd. 14/1, S. 795 f.; *Ludwig Marcuse*, Heinrich Heine. Melancholiker – Streiter in Marx – Epikureer, Zürich 1980, S. 209 ff.; *Fritz J. Raddatz*, Taubenherz und Geierschnabel. Heinrich Heine. Eine Biographie, Weinheim und Basel, 1997, S. 269. In seiner „Retrospektive Aufklärung" von 1854, Lutezia, nach Artikel LVIII, DHA, Bd. 14/1, S. 69 ff., rechtfertigt sich Heine für die Annahme der französischen Staatsrente und wehrt sich vehement gegen den Vorwurf, ein käuflicher Schriftsteller zu sein.

[102] S. hierzu *Ursula Stein*, Heinrich Heine und das Geistige Eigentum, Berlin 2007, S. 18; *Kerstin Decker*, Heinrich Heine. Narr des Glücks, Berlin 2005, S. 379; ausführlich zu den Honorarverhandlungen und -vereinbarungen Heines mit seinem Verleger *Julius Campe* s. *Alberto Destro*, DHA, Bd. 3/2, S. 428 ff. Heine selbst berichtet davon stolz seinem Bruder *Gustav* in Wien in seinem Brief vom 1. August 1851, HSA, Bd. 23, S. 111.

[103] Heine schrieb zahlreiche Bettelbriefe an Freunde und Mäzene und erhielt von ihnen häufig Unterstützung durch Darlehen oder Wechselakzepte. Zu seinen Förderern gehörten etwa der Komponist *Giacomo Meyerbeer*, der Heine jahrelang Darlehen gewährt hatte, die Heine jedoch niemals zurückzahlte, s. dazu *Volkmar Hansen*, DHA, Bd. 13/2, S. 1097 ff. Auch Heines Verleger *Julius Campe* und *Johann Friedrich von Cotta* gewähren Heine unüblich hohe Vorschüsse, die zumindest teilweise den Charakter gegenleistungsunabhängiger finanzieller Unterstützungen hatten, s. hierzu *Alfred Opitz*, DHA, Bd. 7/2, S. 1321, 1670; Heine selbst lobt die Großzügigkeit *Cottas* in seinem Brief vom 12. Februar 1828 an *Karl August Varnhagen v. Ense*, HSA, Bd. 20, S. 324.

[104] Das geht aus Heines Bitt- und Dankesbriefen an die Chefs der Rothschild-Banken hervor, z.B. Briefe vom 25. Dezember 1850, vom 15. Januar 1852,

blieb dennoch keiner seiner Gönner verschont. Selbst die *Rothschilds* mussten sich Witze auf ihre Kosten gefallen lassen. Denn von Bankern, auch wenn sie ihm Wohltaten erwiesen, hatte er die denkbar schlechteste Meinung:[105]

> „Man merkt jetzt, dass es noch etwas Kläglicheres gibt als eine Mätressenherrschaft. In dem Boudoir einer galanten Dame ist noch immer mehr Ehre zu finden als in dem Comptoir eines Bankiers."

9. Das tragische Ende eines Kämpfers

Wohl kein anderer Literat hat für seine Bosheiten am Ende des Lebens so bitter gebüßt wie Heinrich Heine. Acht volle Jahre lang siechte er bis zu seinem Tod unter schrecklichen Schmerzen und unvorstellbaren Leiden gelähmt in seiner „Matratzengruft" – wie er sein Krankenlager selbstironisch nannte.[106] Doch Heine war eine Kämpfernatur, und er fordert:[107]

> „Aber ein Schwert sollt ihr mir auf den Sarg legen; denn ich war ein braver Soldat im Befreiungskriege der Menschheit."

Und Heine kämpfte bis zum Schluss. Auch auf dem Krankenlager war er ungeheuer produktiv und verfasste noch ein umfangreiches Lyrik- und Prosawerk. Mit seiner eigenen elenden Situation trieb er sarkastische Scherze:[108]

> „Oh Gott, verkürze meine Qual,
> Damit man mich bald begrabe;
> Du weißt ja, dass ich kein Talent
> Zum Martyrtume habe.

---

vom 19. Januar 1852, vom 13. Januar 1855 an Baron *James de Rothschild* in Paris, HSA, Bd. 23, S. 73, 174, 175, 406; an *Anselm von Rothschild* in Wien, HSA, Bd. 23, S. 474. Zahlreiche Aktientransaktionen sind ferner belegt durch die Abrechnungen des Bankhauses J. Homberg & Co., über das die Rothschilds ihre Aktiengeschäfte mit Heine abwickelten, aus den Jahren 1851 bis 1856, vgl. die Abdrucke der Abrechnungsschreiben in HSA, Bd. 26 und 27.

[105] Französische Zustände, Artikel V, DHA, Bd. 12/1, S. 116, 11 – 14.
[106] Nachwort zum Romanzero, DHA, Bd. 3/1, S. 177, 33.
[107] Reisebilder. Dritter Teil. Italien 1828. Die Reise von München nach Genua, Capitel XXXI, DHA, Bd. 7/1, S. 74, 39 – 40.
[108] Aus: „Die Söhne des Glückes beneide ich nicht" von 1853, aus Heines Lyrischem Nachlass. Zum Lazarus, DHA, Bd. 3/1, S. 348, 21 – 36.

> Ob Deiner Inkonsequenz, oh Herr,
> Erlaube, dass ich staune:
> Du schufest den fröhlichsten Dichter und raubst
> Ihm jetzt seine gute Laune.
>
> Der Schmerz verdumpft den heitern Sinn
> Und macht mich melancholisch;
> Nimmt nicht der traurige Spaß ein End,
> So werd' ich am Ende katholisch.
>
> Ich heule Dir dann die Ohren voll,
> Wie andre gute Christen –
> Oh Miserere! Verloren geht
> Der beste der Humoristen!

Aber nicht nur für makabren Spott über seine eigene hoffnungslose Lage hatte der Kämpfer selbst am Ende seines Lebens noch die Kraft, sondern auch für die Rache an seinen Feinden. „Mit gerührtem Herzen" will er ihnen „alle Unbill verzeihen, die sie ihm im Leben zugefügt,

> aber nicht früher, als bis sie gehenkt worden."[109]

In seinem lyrischen „Vermächtnis"[110] bedenkt er „christlich" seine Feinde mit „lauter schönen Gottesgaben", er wünscht ihnen nämlich seine „sämtlichen Gebresten" an den Hals, bevor er schließt:

> „Kodizill zu dem Vermächtnis:
> In Vergessenheit versenken
> Soll der Herr eur Angedenken
> Er vertilge eur Gedächtnis."

Heine war in jeder Hinsicht konsequent. Auch sein Hass war unversöhnlich.

Bis zum letzten Atemzug blieb Heine mit luzidem Geist bei vollem Bewusstsein. Alle Versuche nahestehender Personen, ihm, dem bekennenden Atheisten, geistlichen Beistand ans Sterbebett zu senden, lehnte er ab. Sein Argument war schlagend:

> „Dieu me pardonnera, c'est son metier."

Ob dies wirklich Heines letzte Worte waren, weiß man nicht.[111] Es sähe ihm aber ähnlich.

---

[109] Aus: Prosanotizen, DHA, Bd. 10, S. 341, 31 – 34.
[110] Gedicht von 1850 aus dem „Romanzero. Lamentationen", DHA, Bd. 3/1, S. 120 f.
[111] Von diesem Ausspruch Heines berichtet *Alfred Meißner*, Heinrich Heine. Erinnerungen, Hamburg 1856, S. 259.

Begraben ist Heine in Paris, nicht auf dem lärmigen Friedhof Père Lachaise, sondern auf dem stillen Montmartre. Denn er wollte dort begraben sein, wo er sein liebstes Leben gelebt hat.[112] Sein Grab, stets mit frischen Blumen geschmückt, ziert heute eine Büste des dänischen Bildhauers *Ludvig Hasselriis*, desselben *Hasselriis*, der auch das erste Heine-Denkmal geschaffen hat, im Auftrag der *Kaiserin Elisabeth von Österreich* – besser bekannt als *Sisi* – für ihren Besitz Achilleion auf Korfu zu Ehren ihres Lieblingsdichters. Mit diesem Denkmal begann der jahrzehntelange Streit um die Errichtung eines Heine-Denkmals in Deutschland,[113] zu dem *Tucholsky*[114] nur bemerkte:

„Die Zahl der deutschen Kriegerdenkmäler zur Zahl der deutschen Heine-Denkmäler verhält sich hierzulande wie die Macht zum Geist."

---

[112] So Heine selbst in seinem Testament vom 27. September 1846, DHA, Bd. 15, S. 205, 38 – 41.

[113] S. dazu näher *Edda Ziegler*, Heinrich Heine. Leben und Werk, Düsseldorf 2004, S. 230 ff.

[114] *Kurt Tucholsky* in: „Die Weltbühne" Nr. 28 vom 9. Juli 1929, S. 58.

Schriftenreihe der Juristischen Gesellschaft zu Berlin

Frühere Hefte auf Anfrage
Mitglieder der Gesellschaft erhalten eine Ermäßigung von 40 %

Heft 153: Die Stellung des Kindes nach heterologer Insemination. Von Prof. Dr. JOHANNES HAGER. 23 Seiten. 1997. € 12.95

Heft 154: Deregulierung des Arbeitsrechts — Ansatzpunkte und verfassungsrechtliche Grenzen. Von Prof. Dr. PETER HANAU. 29 Seiten. 1998. € 14.95

Heft 155: Kriminalpolitik an der Schwelle zum 21. Jahrhundert. Von Prof. Dr. Dr. h. c. HANS JOACHIM SCHNEIDER. 64 Seiten. 1998. € 19.95

Heft 156: Religion und Kirche im freiheitlichen Verfassungsstaat. Von Prof. Dr. ALEXANDER HOLLERBACH. 36 Seiten. 1998. € 18.95

Heft 157: Staatliche Informationen als Lenkungsmittel. Von Prof. Dr. MICHAEL KLOEPFER. 37 Seiten. 1998. € 18.95

Heft 158: „Der papierne Wisch". Von Prof. Dr. FRIEDRICH EBEL. 51 Seiten. 1998. € 19.95

Heft 159: Grundrechte und Privatrecht. Von Prof. Dr. Dr. CLAUS-WILHELM CANARIS. 98 Seiten. 1998. € 24.95

Heft 160: Verfassungsrechtsprechung zum Steuerrecht. Von Prof. Dr. KLAUS VOGEL. 23 Seiten. 1998. € 12.95

Heft 161: Die Entdeckung der Menschenrechte. Von Prof. Dr. HASSO HOFMANN. 19 Seiten. 1999. € 9.95

Heft 162: Wege zur Konzentration von Zivilprozessen. Von Prof. Dr. Dr. h. c. DIETER LEIPOLD. 30 Seiten. 1999. € 14.95

Heft 163: Grundrechtsschutz durch Landesverfassungsgerichte. Von Prof. Dr. HORST DREIER. 39 Seiten. 2000. € 19.95

Heft 164: Das Grundgesetz im europäischen Verfassungsvergleich. Von Prof. Dr. Dres. h. c. KLAUS STERN. 20 Seiten. 2000. € 9.95

Heft 165: Ermittlung oder Herstellung von Wahrheit im Strafprozeß? Von Prof. Dr. Dr. h. c. KARL HEINZ GÖSSEL. 20 Seiten. 2000. € 9.95

Heft 166: Gibt es eine europäische Öffentlichkeit? Von Prof. Dr. Dr. h. c. PETER HÄBERLE. 34 Seiten. 2000. € 16.95

Heft 167: Die Europäisierung des verwaltungsgerichtlichen Rechtsschutzes. Von Prof. Dr. FRIEDRICH SCHOCH. 50 Seiten. 2000. € 19.95

Heft 168: Kultur und Identität in der europäischen Verwaltungsrechtsvergleichung – mit Blick auf Frankreich und Schweden. Von Prof. Dr. ERK VOLKMAR HEYEN. 32 Seiten. 2000. € 16.95

Heft 169: Funktionales Rechtsdenken am Beispiel des Gesellschaftsrechts. Von Prof. Dr. LORENZ FASTRICH. 56 Seiten. 2001. € 22.95

Heft 170: Grundrechtspositionen und Legitimationsfragen im öffentlichen Gesundheitswesen. Von Prof. Dr. Dr. h.c. EBERHARD SCHMIDT-ASSMANN. 116 Seiten. 2001. € 24.95

Heft 171: **Kollektive Verantwortung im Strafrecht.** Von Prof. Dr. Kurt Seelmann. 22 Seiten. 2002. € 12.95

Heft 172: **Aktuelle Fragen des pränatalen Lebensschutzes.** Von Prof. Dr. Bernhard Schlink. 21 Seiten. 2002. € 12.95

Heft 173: **Die Allzuständigkeit amerikanischer Gerichte.** Von Prof. Dr. Rolf A. Schütze. 22 Seiten. 2003. € 12.95

Heft 174: **Neues Leistungsstörungs- und Kaufrecht: Eine Zwischenbilanz.** Von Prof. Dr. Stephan Lorenz. 36 Seiten. 2004. € 18.95

Heft 175: **Gesetzgebung ohne Parlament?** Von Prof. Dr. Eckart Klein. 28 Seiten. 2004. € 15.95

Heft 176: **Der Grundsatz der religiös-weltanschaulichen Neutralität des Staates – Gehalt und Grenzen.** Von Prof. Dr. Stefan Huster. 27 Seiten. 2004. € 15.95

Heft 177: **Gesellschaftsrecht und Verbraucherschutz – Zum Widerruf von Fondsbeteiligungen.** Von Prof. Dr. Christian Armbrüster. 44 Seiten. 2006. € 22.95

Heft 178: **Herausforderungen und Antworten: Das Öffentliche Recht der letzten fünf Jahrzehnte.** Von Prof. Dr. Rainer Wahl. 100 Seiten. 2006. € 26.95

Heft 179: **Die Europäisierung des Privatrechts und die Rechtsvergleichung.** Von Prof. Dr. Dr. h.c. mult. Reinhard Zimmermann. 58 Seiten. 2006. € 22.95

Heft 180: **Das Verhältnis europäischer zu nationalen Gerichten im europäischen Verfassungsverbund.** Von Prof. Dr. Ingolf Pernice. 56 Seiten. 2006. € 22.95

Heft 181: **Die echte Verfassungsbeschwerde.** Von Prof. Dr. Christian Pestalozza. 40 Seiten. 2007. € 18.95

Heft 182: **Gesetzlicher Richter ohne Rechtsstaat?** Von Prof. Dr. Ulrike Müssig. 78 Seiten. 2007. € 24.95

Heft 183: **Inhaltskontrolle von Arbeitsverträgen.** Von Prof. Dr. Reinhard Singer. 26 Seiten. 2007. € 15.95

Heft 184: **Religion – Recht – Kultur und die Eigenwilligkeit der Systeme.** Von Prof. Dr. Gerd Roellecke. 28 Seiten. 2007. € 15.95

Heft 185: **Föderalismusreform: Wie reformfähig ist unser System?** Von Prof. Dr. Hans Meyer. 42 Seiten. 2008. € 18.95

Heft 186: **Schrottimmobilien – Die Geschichte von einem, der auszog, das Fürchten zu lernen.** Von Prof. Dr. Volkert Vorwerk. 36 Seiten. 2008. € 18.95

Heft 187: **Finanzkrise, Wirtschaftskrise und das deutsche Insolvenzrecht.** Von Horst Eidenmüller. 64 Seiten. 2009. € 22.95

www.ingramcontent.com/pod-product-compliance
Lightning Source LLC
Chambersburg PA
CBHW070615170426
43200CB00012B/2701